RÉPUBLIQUE FRANÇAISE

MAIRIE DE LA VILLE D'ALGER

RAPPORT SUR L'EXPOSITION

PRÉSENTÉ PAR

M. SAVIGNON, Maire d'Alger

AU CONGRÈS DES MAIRES

du Département d'Alger

Le 22 Mars 1910 et adopté à l'unanimité

ALGER
IMPRIMERIE GOJOSSO
5 rue Bruce, 5

RÉPUBLIQUE FRANÇAISE

MAIRIE DE LA VILLE D'ALGER

RAPPORT SUR L'EXPOSITION

PRÉSENTÉ PAR

M. SAVIGNON, Maire d'Alger

AU CONGRÈS DES MAIRES

du Département d'Alger

Le 22 Mars 1910 et adopté à l'unanimité

Messieurs et Chers Collègues,

Bien que le Congrès des Maires du Département d'Alger se soit spécialement réuni pour étudier les graves questions relatives aux ressources communales, je ne crois pas m'écarter beaucoup des préoccupations essentielles de notre programme et des problèmes que le mandat de nos électeurs impose à notre attention, en vous présentant un rapport sur l'Exposition de 1913, sur l'état actuel de ce projet et sur les résultats que l'Algérie tout entière est en droit d'attendre de sa réalisation.

Il m'a semblé que je vous devais cette communication, tout d'abord parce que les Conseils municipaux des trois départements ont été sollicités de donner leur concours financier à cette œuvre importante dont les conséquences pour la prospérité de la Colonie peuvent être si heureuses.

En effet, le 15 juin dernier, j'avais l'honneur de soumettre au bienveillant examen de MM. les Maires d'Algérie une demande de subvention pour l'Exposition de 1913 et le 20 Décembre je leur confirmais cette demande en portant à leur connaissance que le Conseil municipal d'Alger avait voté 300,000 francs, le Conseil Général d'Alger 160,000 et que la Délégation Financière des colons s'était prononcée en faveur du principe d'une subvention du budget algérien.

Puisque toutes les communes algériennes sont ainsi appelées à soutenir de leurs deniers le projet d'Exposition, il était juste que, profitant de l'occasion précieuse du Congrès des Maires, je justifie, à vos yeux, les démarches faites auprès de vous et que, vous faisant partager la foi qui m'anime et a soutenu mes efforts, malgré les obstacles du chemin, je vous détermine à adopter vous aussi ce projet et à travailler ardemment à son succès total.

En second lieu et pour achever votre édification, il m'a paru opportun de préciser devant vous le caractère que doit avoir l'Exposition et de vous signaler les résultats divers que nous en attendons pour l'ensemble du pays, donc pour toutes les communes des trois départements.

Pour plusieurs d'entre vous ce dernier argument n'aura qu'une force de confirmation. Dès la première démarche de la Municipalité d'Alger, beaucoup de Conseils municipaux ont compris l'intérêt d'une telle solennité, d'un tel afflux de curieux et de touristes, d'une telle concentration d'activités industrielles et commerciales se mettant en contact étroit avec la terre algérienne. Des esprits loyalement attachés à la prospérité du pays, conscients de la poussée d'initiatives, de l'immigration de bras et de capitaux qui peuvent sortir d'une grande manifestation économique de cette nature, ne devaient pas hésiter à soutenir le projet. Ils l'ont fait sans demander plus et la spontanéité de leur concours a mesuré, mieux que l'importance de ce concours, leur judicieuse façon de concevoir et de seconder les intérêts de l'Algérie.

Mais, dans une pareille circonstance, c'est à l'unanimité des collaborateurs qu'il faut tendre pour bien marquer que pas une bourgade algérienne ne voudra rester étrangère au succès d'une entreprise profitable à la Colonie tout entière.

Aussi ai-je pensé à ceux d'entre vous dont les Conseils municipaux ne se sont pas encore prononcés et qui attendaient, sans doute, d'être documentés de façon plus précise pour nous envoyer leur adhésion et leurs encouragements. Chose singulière ! c'est uniquement en Algérie, dans le pays qui doit retirer les avantages matériels et moraux les plus clairs d'une Exposition que se sont manifestées des oppositions. Ailleurs, en France et même à l'Etranger, dans les milieux qui se préoccupent du développement des colonies, de leur commerce et de leurs industries, parmi les amis métropolitains de l'Algérie, l'accueil le plus sympathique et le plus décidé à agir fut fait à l'idée d'une Exposition et, dès la première heure, les plus puissants concours s'affirmèrent acquis et convaincus, prêts à entrer en action et à mettre en mouvement leur expérience et leurs organisations spéciales.

Il n'en fût pas de même parmi nous, dans la Colonie, au profit de laquelle offraient de travailler tant de compétences avérées. Les déformations que la passion politique inflige à toutes choses, s'attaquèrent au projet et essayèrent de le tuer dans l'œuf ; les vertueux citoyens qui ne peuvent voir se dresser une initiative sans lui imputer les plus vils desseins, tentèrent de semer autour de nous les soupçons et la calomnie. D'autres se contentèrent d'un persiflage souriant ou de prophéties pessimistes.

Ces oppositions inattendues eurent pour premier effet de retarder la mise en marche de l'organisation et de refroidir un moment le zèle des concours métropolitains que cette attitude des intéressés immédiats surprit un peu. Elles n'auront pas raison de la ferme volonte qui a mené le projet à son état actuel et qui, s'appuyant sur les concours gagnés déjà au projet, forte de l'absence de toute compromission, de tout calcul ou de tout profit, s'appliquera sans faiblir à la réalisation heureuse de l'Exposition pour le plus grand bien de l'Algérie.

Mais pour donner à cette œuvre son envergure et son plein effet, nous avons besoin de vous tous, Messieurs et Chers Collègues, et c'est pourquoi je me suis proposé de ne pas feindre ignorer les arguments et les arguties qui se sont opposés au projet d'Exposition, afin que chacun de vous soit édifié et puisse, sans scrupule, nous donner le concours sollicité, le concours d'un Maire conscient des intérêts de sa Commune, le concours d'un Algérien passionné pour la Colonie et pour son avenir.

I

Une première précision me tient au cœur et elle m'importe plus que toutes les autres devant un auditoire de magistrats municipaux.

On a accusé le Maire d'Alger d'avoir voulu faire de l'Exposition une manœuvre électorale.

Ceux d'entre vous qui me connaissent savent par suite de quelles circonstances j'ai été porté à la Mairie d'Alger et ils ne peuvent pas ignorer combien peu la préoccupation d'une réélection a déterminé le moindre de mes actes.

Ayant assumé une mission difficile, je l'accomplis de mon mieux, avec le sentiment de son importance et de ses responsabilités, avec l'unique souci de mériter la confiance de mes concitoyens, avec la certitude d'avoir mis, au-dessus de tout, les intérêts supérieurs de la Ville, même au prix des haines des intérêts privés contrariés dans leurs appétits.

Quand le projet d'une grande Exposition à Alger s'imposa à mon esprit, il trouva bien vite sa conviction toute faite. Quand on est depuis près de cinquante ans dans les affaires, quand on fait partie depuis bientôt vingt-cinq ans du Comité Français des Expositions, quand on a été plus de vingt fois membre des Comités d'organisation et des jurys des récompenses à toutes Expositions universelles françaises et étrangères, on n'a pas besoin d'une imagination subtile pour comprendre quels avantages la Ville qu'on administre peut retirer de ces tournois internationaux.

Quand on connaît l'Algérie, surtout pour y avoir transporté depuis longtemps, son activité, une partie de ses intérêts et de sa fortune, on n'a pas besoin de beaucoup d'autres raisons pour désirer voir aboutir un projet destiné à favoriser l'essor de la Colonie en lui conciliant des amitiés et des initiatives nouvelles.

Il n'en fallait donc pas plus pour me donner corps et âme à l'Exposition et toute pensée électorale était si loin de mes calculs que je fus le premier, quand les attermoiements produits par les oppositions inattendues venues d'Alger parurent devoir rendre difficilement acceptable la date préalablement suggérée ; je fus le premier dis-je, à demander que l'Exposition fût reportée à 1913, voire même à 1914.

Ce qui importait, tant à la Ville d'Alger qu'à l'Algérie, c'était que l'Exposition eût lieu et qu'elle fût un succès, que la France y trouvât une occasion d'ai[illegible] plus encore, en la connaissant plus intimement, sa grande colonie africaine, que l'Algérie recueillît le plus possible les bienfaits matériels et moraux de cette manifestation, de ses progrès, de ses ressources et de sa vitalité.

Tel était le mobile unique du Maire d'Alger et de son Conseil municipal.

Ces considérations suffisaient à entretenir notre zèle et nous y ajoutions le sentiment plein de réconfort que même si nous n'étions plus là, nous aurions eu la joie de léguer à nos successeurs une œuvre utile à la Ville et à nos concitoyens, une œuvre utile à l'Algérie.

Les Municipalités passent au gré des électeurs et des vents politiques ; mais les intérêts supérieurs des Communes restent et ce serait faire aux Maires qui m'entendent l'injure la plus cruelle et la plus humiliante que de supposer leur dévouement et leur activité mûs uniquement par l'espoir de conquérir à nouveau les suffrages de leurs mandants. Ils nous accorderont à leur tour que nos projets, parce qu'ils étaient dégagés de toute préoccupation électorale, méritaient l'adhésion unanime des Algériens.

II

Les oppositions, dans leur acharnement à priver l'Algérie du bénéfice d'une Exposition, ne s'en tinrent pas à ce grief électoral.

Elles imaginèrent de reprocher au Maire d'Alger de vouloir faire une Exposition algéroise profitable uniquement à la capitale et à ses habitants.

Quand on veut nuire à une idée, on ne s'embarrasse pas de trop de logique et de réflexions; s'il en était autrement, une pareille argutie n'aurait pas vécu ce que vivent les roses.

On se demande, en effet, quel concours aurait trouvé en France, auprès des Comités des Expositions, auprès des établissements financiers, auprès des Compagnies de transport, auprès du Gouvernement et des sommités du Commerce et de l'Industrie, un projet particulariste et mesquin, rapetissé au point d'être réalisable et mort-né.

Jamais à aucun moment de l'évolution du projet, les représentants de la Ville d'Alger n'ont envisagé une conception si étroite. Ils ont désiré que l'Exposition se fasse à Alger, capitale de l'Afrique du Nord, centre de Gouvernement, port d'aboutissement des grandes lignes de tourisme et d'immigration, foyer principal de l'activité économique de l'Algérie et de ses échanges avec la Métropole et l'Etranger. Ce vœu était légitimé par la situation géographique et politique de la Ville ; mais il ne pouvait pas entrer dans leur esprit que l'Exposition projetée fût autre chose qu'une Exposition algérienne, algérienne dans toute l'acception du mot par son caractère, par son organisation, par son but et par ses conséquences.

Alger n'est pas toute l'Algérie. Elle n'en est que le seuil. La capitale représente un microcosme particulier d'activité commerciale, un centre de pensée et de direction administrative, une ville, entre toutes, d'hivernage et d'agréable séjour. Mais l'Algérie est ailleurs aussi : elle est dans vos villes et dans vos villages, partout où des Français ont apporté les qualités de travail de notre race, partout où de vaillants colons ouvrent le pays à la culture et à la civilisation, partout où la France a mis son empreinte : elle s'étend tous les jours un peu plus loin dans nos trois provinces et ne s'arrête que là où nos trois couleurs ne projettent plus leur ombre tutélaire.

Alger fait partie du visage souriant de l'Algérie ; elle en est la façade accueillante mais elle ne fait que laisser deviner le corps si vaste, si divers, de l'immense Colonie.

C'est pourquoi nous n'avons jamais voulu qu'une Exposition algérienne, synthétisant toute l'Algérie, faite par toute l'Algérie et pour toute l'Algérie.

Comment fut présentée aux Délégations Financières la demande de crédit dont la totalité devait faciliter la réalisation d'un projet d'Exposition internationale et coloniale à Alger ?

Le vœu de MM. Delphin, Broussais et Colomiès fut rapporté par M. Bons, délégué de l'Oranie.

Le rapporteur posa tout de suite la question sur son véritable terrain : il s'agissait de faire connaître à la France l'Algérie, l'Algérie d'aujourd'hui nettement en progrès dans toutes les branches de son développement économique et l'Algérie de demain avec les brillantes perspectives qui lui sont ouvertes. « Il appartient, disait M. Bons, aux assemblées qui ont fait l'Al-

« gérie ce qu'elle est, de s'associer à tous les « efforts, d'aider à la réalisation de toutes les « idées généreuses qui ont pour but et pour idéal « l'Algérie de demain ». Et M. Bons, en demandant une subvention importante, concluait : « Comme tous ceux que vous consentez ce sacri- « fice momentané sera une œuvre d'intelligente « prévoyance parce qu'il compensera, et bien au- « delà, par l'intensité de vie que feront circuler « dans toute la Colonie la préparation et la réa- « lisation de l'Exposition internationale et colo- « niale, parce qu'il encouragera les capitaux en « multipliant les débouchés, parce que, surtout, « en faisant comme je le disais plus haut, con- « naître et par suite aimer l'Algérie, il contri- « buera puissamment à sa prospérité et par là « même, à la grandeur de la France, but su- « prême vers lequel tendent tous nos efforts ».

M. Marchis, délégué de Bône, se déclarait prêt à voter « parce qu'il s'agit non d'une œuvre algé- « roise mais d'une œuvre algérienne qu'en notre « qualité de représentants des intérêts algériens « nous avons le devoir d'encourager ».

Les conclusions furent votées et pas un Délégué financier ne s'imagina avoir soutenu une œuvre dont la Ville seule pouvait tirer profit.

Nous avions, nous-mêmes, en toute circonstance, affirmé le caractère du projet.

Dans un rapport adressé à M. le Préfet d'Alger le 29 Juin 1909, après avoir noté les chiffres atteints par le Commerce d'échanges de la France et de l'Algérie, nous écrivions :

« Il va donc falloir s'ingénier à attirer ici d'im-« portants capitaux ; il est indispensable de « faire connaître l'Algérie; de montrer aux yeux « du monde entier les admirables ressources de « ce pays et les profits qu'on en peut tirer ».

Plus loin :

« L'Exposition projetée ne doit pas être et ne « sera pas, en effet, l'œuvre particulière de la « Ville d'Alger. Elle en dépassera le cadre pour « profiter à l'Algérie tout entière, la faire mieux « connaître, mieux apprécier, la faire mieux « aimer encore ».

Dans le rapport que nous adressions quelques mois après à la Commission municipale, développant toujours la même idée, nous écrivions :

« De même, il ne faut pas perdre de vue que « l'Algérie doit surtout tirer le plus grand pro-« fit de cet afflux de visiteurs. Dans ce but, le « complément indispensable de l'Exposition et « des nombreux Congrès projetés sera une orga-« nisation parfaite de voyages d'étude et de tou-« risme *dans tous les coins de la Colonie*, afin « que tous les visiteurs prennent contact avec le « pays et ses ressources et, nous connaissant « mieux, deviennent pour la Colonie des amis

« disposés à travailler avec nous à sa prospé-
« rité ».

Vous le voyez, Messieurs et Chers Collègues, jamais aucune des personnes qui s'intéressèrent à ce projet ne s'arrêta à la pensée insoutenable d'une œuvre purement locale. Leur conception envisagea toujours et de plus en plus une Exposition algérienne et c'est pourquoi elle a conquis tout de suite les sympathies du Gouvernement, des Comités français et des Assemblées algériennes.

L'Exposition sera donc algérienne. Elle représentera, concentrée en un point donné, la sympathie de la colonisation française, des magnifiques efforts de la France et des Français en Algérie.

Ce que nous voulons, c'est montrer avec une coquetterie pardonnable, le chemin parcouru, le résultat des sacrifices de la Métropole, de l'activité et de la persévérance des colons, le vaste champ ouvert en Algérie aux hommes d'initiative.

A l'Exposition Franco-Britannique de Londres, les Canadiens avaient écrit en lettres énormes dans leur pavillon : « Nous sommes six mil-
« lions. Nous pourrions être bien davantage et
« nous trouver au large. Venez, vous qui vous
« pressez sur la vieille Europe. Pour tout impôt
« nous vous grèverons d'une taxe de capitation
« de cent francs ».

A notre tour, nous voudrions pouvoir dire à nos frères métropolitains :

« Nous sommes à peine trois cent mille Fran-
« çais en Algérie alors qu'il y aurait de la place
« pour dix fois plus de nos compatriotes. Venez,
« vous qui avez des bras solides et qui aimez le
« travail dans la vie libre des champs. Venez,
« vous qui avez besoin d'essaimer pour échapper
« au morcellement de la propriété.

« Venez, vous qui avez des capitaux disponi-
« bles et qui voulez les voir prospérer rapide-
« ment. L'Algérie est terre française, l'existence
« y est heureuse par l'ordre et le travail. Au mi-
« lieu de nous vous n'êtes pas expatriés. Venez,
« et ce pays vous conquerra comme il nous a con-
« quis nous-mêmes et vous grossirez les rangs de
« ceux qui, dans cette belle Afrique du Nord,
« sont les ouvriers largement récompensés de la
« prospérité et de la grandeur de la France ».

Autour de ce noyau de l'Exposition Algérienne, nous chercherons à grouper les autres colonies et protectorats de la France en Afrique.

Le problème colonial a encore beaucoup de données qui ne sont pas définitivement fixées. Les méthodes les plus différentes lui sont appliquées, tant au point de vue social qu'au point de vue économique : de graves préoccupations s'imposent aux métropoles impatientes de tirer le meilleur parti de leurs possessions extérieures tout en accomplissant dignement leur mission civilisatrice.

L'œuvre personnelle de la France est très diverse en raison de la dispersion sur le globe de ses colonies. Il y aura donc un intérêt considérable à concentrer au seuil de l'Afrique, dans un cadre prédestiné, les résultats obtenus dans les colonies africaines pour que l'analyse des procédés, de la juxtaposition des méthodes et de leurs résultats, il puisse sortir des indications précieuses susceptibles de hâter l'essor des colonies françaises.

L'Exposition sera donc coloniale et cette partie de son programme est déjà assurée d'un succès considérable car nous avons obtenu le concours du Comité National des Expositions coloniales, présidé par M. Saint-Germain, sénateur d'Oran, Comité qui compte déjà 700 membres et assure l'adhésion des Colonies françaises et un nombre considérable d'exposants.

La France prendra une très large part à l'Exposition. C'est qu'elle attend beaucoup de son domaine colonial ; elle y cherche des débouchés et elle désire y trouver de plus en plus des matières premières pour sa marine de commerce, pour ses industries de transport et ses manufactures. Elle a un grand intérêt à se trouver en contact, sans déplacement trop onéreux, avec les producteurs et les consommateurs de ses diverses possessions, surtout avec la population algérienne avec laquelle ses opérations annuelles d'échange atteindront bientôt le milliard.

D'ailleurs, j'ai hâte de le dire, si l'Exposition a trouvé en Algérie des sceptiques, voire quelques opposants, elle n'a rencontré en France qu'un accueil chaleureux et empressé. Dès les premiers jours j'ai obtenu le concours du Comité Français des Expositions à l'Etranger, présidé par le sénateur Dupont, qui compte actuellement 2.500 membres et réunit les plus grands noms du monde politique, industriel, commercial, agricole, artistique et littéraire.

L'adhésion officielle de ce Comité entraîne nécessairement celle de tous ses groupements et la participation de plusieurs milliers d'exposants français.

A cette participation si précieuse du Comité Français et du Comité National, correspondra — nous en avons l'assurance — la participation de la France. Le Gouvernement, consulté dès l'année dernière, a donné les encouragements les plus flatteurs au projet de l'Exposition. La France qui a manifesté son intérêt pour toutes les Expositions auxquelles le pays était appelé à participer, pourrait-elle se désintéresser de celle qui se tiendra en Algérie, qui sera la glorification d'une très belle page de son histoire coloniale et qui ouvrira certainement des horizons nouveaux à son expansion économique ?

De ce côté encore, nous avons des assurances

dont le meilleur garant est la sollicitude éclairée et très active de M. le Gouverneur Général qui nous a donné en cette affaire un concours excessivement précieux, ce qui n'étonnera personne, ni ici ni de l'autre côté de la Méditerranée.

Aux caractères que nous venons de fixer pour l'Exposition de 1913, nous aurions voulu pouvoir ajouter que l'Exposition serait internationale.

Par internationale, nous entendions une Exposition ouverte aux nations autres que la France qui, sollicitées, pourraient avoir intérêt à y figurer soit comme puissances coloniales, soit seulement comme puissances industrielles.

Non point que nous ayons la prétention d'obtenir le concours de tous les pays de l'ancien et du nouveau monde ; mais simplement dans l'espoir que plusieurs de ces pays accepteront notre invitation et voudront prendre une part effective à cette grande solennité.

L'œuvre de la colonisation française en Algérie et dans nos autres possessions n'intéresse pas seulement la France qui en fût l'instigatrice et l'artisan principal. Elle intéresse aussi l'Etranger qui peut y apporter des initiatives et des capitaux et qui peut être sollicité par le désir de venir sur place mettre en parallèle ses procédés de colonisation avec les nôtres.

Il nous paraissait bon aussi que l'Etranger chez lequel nous cherchons des débouchés pût juger et connaître sur place les produits qui l'intéressent.

Enfin, l'Etranger alimente en majeure partie le tourisme, tous les ans plus important, qui se répand dans nos trois provinces algériennes et contribue si puissamment à répandre dans l'univers les notions de l'attrait et du charme de l'Algérie.

Or, le meilleur moyen de décider l'Etranger de venir à l'Exposition de 1913, c'était de l'y déterminer par ses intérêts immédiats. C'était de le convier à participer lui-même à l'Exposition. Une section étrangère amène forcément ses nationaux et les échanges d'idées, de marchandises, de projets et d'intérêts se font nombreux et faciles dans le cadre d'une Exposition internationale.

L'Europe est allée à Philadelphie, à Chicago, à Sydney, à Melbourne, à Hanoï ; elle se prépare à aller à Buenos-Ayres. Pourquoi ne serait-elle pas venue à Alger

A cette partie de notre programme, le Comité Français des Expositions à l'Etranger a présenté des objections très sérieuses. Il lui a paru que l'internationalisation de l'Exposition pouvait comporter des aléas au point de vue de l'exécution matérielle et des risques financiers de l'entreprise. D'autre part, sa Commission d'initiative et d'enquête a craint que, ainsi envisagée, la manifestation projetée ne fut pas en rapport avec l'importance du pays et de la Ville, avec les ressources que peut offrir Alger au point de vue hôtels et logements, avec les facilités d'accès maritimes et terrestres, avec les chances de retenir les hôtes plus ou moins longtemps, avec les moyens financiers dont on peut disposer sans risquer la moindre aventure.

Le Comité Français a donc jugé prudent de limiter l'Exposition à la Métropole, à l'Algérie, aux Colonies, Pays de protectorat ou même de la France sur le continent africain, en y joignant subsidiairement les colonies africaines des nations étrangères. Il estime qu'un tel programme exécuté sur de larges bases, servirait mieux le développement de l'influence française en Afrique qu'une démonstration plus étendue, mais forcément superficielle et donnerait, au profit de notre patrie, des résultats plus féconds et plus pratiques.

Ce point de vue, ainsi envisagé, a amené la Commission à préconiser l'emploi du titre :

Exposition Universelle Franco-Américaine

« Universelle » signifie admettant l'universalité des produits. L'expérience a démontré que, lorsque les promoteurs d'une Exposition limitent l'admission des objets en restreignant la classification, ils sont fatalement amenés à étendre leur programme au cours des opérations d'organisation.

Les Expositions d'Amsterdam (1893), de Milan (1906) à classification restreinte au début, sont devenues ensuite universelles.

Le mieux est donc de déclarer d'avance que l'Exposition d'Alger sera *universelle* en ce qui concerne la nature des produits à admettre et d'adopter, conformément au vœu du Comité Français, la classification de Le Play amendée par M. Alfred Picard.

Les promoteurs de l'Exposition ne pouvaient que se ranger à l'avis motivé des compétences constituant le Comité Français des Expositions à l'Etranger, tout en remerciant cette puissante association de bien vouloir donner son haut patronage et son concours à notre modeste initiative.

Avec de tels éléments, il n'y a plus à douter du succès de l'Exposition et l'on peut entrer en toute confiance dans la phase d'organisation.

Que si quelques esprits timorés s'inquiétaient encore des moyens de transport, nous pourrions, pour les rassurer pleinement, les renvoyer à nos grandes Compagnies, chemin de fer P.-L.-M., Compagnie Transatlantique, dont les administrateurs les plus éminents sont les partisans les plus passionnés de notre Exposition et prennent déjà des mesures pour satisfaire au mouvement inusité de voyageurs dont ils escomptent avec nous la venue.

III

A n'examiner que les lignes principales du programme défini ci-dessus, on pressent déjà les conséquences multiples et considérables de cette concentration en Algérie pendant quelques mois, de l'attention mondiale, du courant des affaires et de l'échange des idées sur les réalités coloniales.

Comme les communes et le Budget de l'Algérie seront amenés à participer à la formation du budget de l'Exposition, il sera peut-être bon de pousser plus loin l'estimation des résultats capables de justifier les sacrifices demandés.

Je rappellerai en passant que le principe adopté sera la répartition des subventions accordées sur plusieurs exercices consécutifs. C'est ainsi que procéda la Ville de Paris en se réservant de verser les 20 millions de subvention de l'Exposition de 1900 en quatre annuités. La Ville d'Alger a voté 300,000 francs, payables sur cinq exercices. Les autres municipalités, les Départements et la Colonie adopteront également cette façon pratique qui leur permettra, sans trop alourdir les budgets annuels, de consacrer à cette œuvre si intéressante pour tous, une somme de beaucoup supérieure à celle qu'elles auraient pu accorder si elles avaient dû en imposer la charge à un seul budget.

Lorsque l'Exposition de 1900 fût décidée, au mois de Juillet 1892, des oppositions traditionnelles se manifestèrent et parmi elles, il s'en trouva qui invoquaient sérieusement la stérilité de ces grandes foires pour l'ensemble du pays.

Or, il se trouvait que l'Exposition de 1889 n'était pas assez loin du débat pour qu'on eût oublié ses splendides résultats. Ses 28 millions de visiteurs avaient laissé à Paris 1,250 millions de francs dont 750 millions de l'Etranger. Pouvait-on soutenir que cette manne avait profité aux seuls parisiens ? Ce serait d'abord nier la loi de la répercussion générale de la prospérité, cette loi que nous voyons tous les jours appliquée sous nos yeux par l'étroite solidarité de la consommation et de la production. Ce serait ensuite supposer que cette véritable manne d'argent a été, séance tenante, enfouie par ceux qui l'ont reçue, alors que tout le monde, même les provinces les plus éloignées en eurent leur juste part. Des départements ouvraient tous les jours de longues files de trains déversant dans la capitale les denrées alimentaires et les autres objets destinés à la vente. Des départements vinrent de nombreux ouvriers qui eurent du travail pendant de longs mois sur les chantiers. Des départements vinrent la pierre, la chaux, le ciment, les métaux et autres matériaux de construction. Il se produisit un tel mouvement d'hommes, d'affaires, de choses, de capitaux que la plus-value des recettes des chemins de fer atteignit 78 millions, que l'impôt sur la grande vitesse donna un rendement supplémentaire de 12 millions et l'exploitation postale un accroissement de recettes de 7 millions.

Que dire, après ces chiffres, des bénéfices matériels, de la renommée et de l'honneur que l'Exposition de 1889 valût à la République Française. Ils ne peuvent pas s'exprimer mathématiquement, mais ils furent considérables et s'ajoutaient brillamment au bienfait des millions entrés dans la circulation générale.

Toutes proportions gardées, l'Algérie a le droit d'attendre de son Exposition de 1913 des bénéfices matériels et moraux très importants.

Si on aborde un calcul, on s'étonne soi-même des résultats qu'il accuse. Cependant, en prenant un chiffre très bas, par exemple celui de 250 francs par visiteur, représentant moins que la moitié de ce que chaque visiteur de 1889 dépensa à Paris et en multipliant ce chiffre par 100.000 visiteurs, on trouve que chaque centaine de mille de nos visiteurs laissera en Algérie une somme de 25 millions. Or, étant donné qu'à Paris, en 1889, il y eût 28 millions de visiteurs et 60 millions en 1900, enfin 21 millions à Londres, il y a deux ans, on peut donc, sans crainte d'être taxé d'exagération, supputer plusieurs centaines de mille visiteurs à l'Exposition d'Alger.

Ces millions ne resteront pas à Alger. Alger

sera comme une pompe aspirante et refoulante. Elle aura tenu un moment ce gros argent dans ses mains et elle le renverra dans toutes les directions, dans les fermes de ses colons, dans les ménages de ses ouvriers et même dans les caisses de ses communes et de son budget.

Notre octroi de mer n'augmente que suivant un cœfficient d'accroissement assez faible. Ce compartiment de nos recettes ne trouvera-t-il pas l'aliment d'une forte plus-value dans l'augmentation de la population consommante pendant sept à huit mois ?

Nos chemins de fer, nos entreprises de transports, nos producteurs, nos industries locales, nos boutiquiers, nos hôteliers et restaurateurs n'auront-ils rien à retirer de cette grosse somme qui se répandra dans tout le pays ?

Nous l'avons dit dès le début : L'Exposition de 1913 n'aura son plein effet que si elle est organisée comme une étape de concentration des visiteurs d'où ceux-ci seront invités à rayonner dans tous les sens, partout où il y a quelque chose d'originale ou d'intéressant à voir, partout où s'offre à l'Etranger un sujet d'étude ou de curiosité.

Il en résultera forcément que l'argent apporté par les visiteurs non seulement se répandra dans toute la Colonie par le jeu naturel des échanges, comme une tâche d'huile rayonnant dans toutes les parties du territoire, mais aussi que cet argent se répandra directement partout où les excursions et voyages d'études auront amené nos hôtes.

Mais si les résultats matériels d'une Exposition se présentent à l'esprit comme très importants et apparaissant comme une des raisons qui font se multiplier ces majestueuses et utiles solennités, que dirons-nous des résultats indirects, économiques et moraux que l'Algérie est en droit d'attendre.

Leur simple énumération donne tout de suite la mesure de leur importance.

Mettre en évidence les ressources de la Colonie encore si peu connues, même dans la Métropole, résumer les efforts tentés et les améliorations réalisées et, par là ouvrir à l'activité nationale l'immense champ de l'Afrique française ; nous attirer des sympathies et des collaborations ; susciter l'esprit d'émulation et d'entreprise, créer une recrudescence de l'immigration humaine et de l'immigration des capitaux nationaux ; montrer au sens industriel de la France les matières premières de l'Algérie ; augmenter les capacités de production et de consommation de la population locale ; ajouter à cela les bienfaits des relations qui se créent pendant l'organisation et pendant la durée d'ouverture, des échanges d'idées qui se feront dans les nombreux Congrès organisés sur des matières particulièrement choisies ; enfin, couronner le tout par une pénétration plus intime et plus affectueuse de la France dans toutes les parties de sa Colonie. Tels sont les résultats considérables et faciles à obtenir du projet.

Ils vous paraîtront assurément, Messieurs et Chers Collègues, mériter le concours de toutes les communes algériennes comme ils nous vaudront la collaboration passionnée de tous les habitants de la Colonie unis dans le même sentiment de défense de leurs intérêts et dans la même pensée de servir les intérêts supérieurs de la France.

IV

Quel est l'effort financier à demander aux communes et à la Colonie ?

Dans un projet de budget présenté par M. Le Pellerin de la Touche, le distingué administrateur du P.-L.-M. qui a donné les soins les plus attentifs et les conseils les plus sympathiques à l'étude de l'Exposition, la subvention de l'Algérie figure pour deux millions ; celle de la Métropole pour un million et celles des Départements et des Communes pour un million.

Ces chiffres paraissent devoir être atteints surtout avec la faculté pour les budgets appelés à cette participation de répartir leur subvention sur plusieurs exercices, 4, 5 au besoin.

Les Délégations Financières auront à se prononcer dans leur prochaine session. D'ici là nous espérons fermement que l'unanimité se sera faite dans la Colonie pour soutenir l'Exposition de 1913.

Parmi les oppositions manifestées, il en est d'origine purement politique qui ne pourront plus s'exercer lorsque la population aura compris que l'heure n'est plus aux disputes vaines de personnes ou de parties et que l'avenir de l'Algérie, l'intérêt de la France, valent bien une trêve.

On se rappelle que l'Exposition de 1900, malgré les résultats si remarquables et de tout ordre de celle de 1889, fût l'objet de violentes campagnes menées par des hommes de lettres d'un talent affiné, par des ligues de décentralisation et par d'assez nombreux députés. Une grande bataille se livra à la Chambre et au Sénat, tantôt purement académique et rééditant les arguments les plus anciens, détruits par toutes les expériences antérieures, tantôt plus âpre et rendue plus objective par l'antagonisme préconçu des partis politiques.

Mais quand la loi du 13 Juin 1896 fût promulguée, il y eut un élan général et unanime ; la France entière se mit à l'œuvre sans une note discordante et l'on sait quel magnifique résultat produisit cette collaboration de tous.

Nous espérons fermement que le même apaisement et la même unanimité se produiront en Algérie. Quand on aura assez discuté pour savoir quelle part de paternité revient à tel ou tel, quand on aura reconnu la somme d'efforts qu'il a fallu prodiguer pour aboutir à un projet adopté par les pouvoirs publics et par les milieux industriels et commerciaux, on se trouvera en présence d'une œuvre qui a pris corps et elle apparaîtra à tous si utile, si nécessaire, si désirable que pas un Algérien n'osera plus la combattre et empêcher la caravane de passer.

Fort de cette unanimité le Gouvernement Général qui, nous le rééditons volontiers, s'emploie avec tout son grand amour pour l'Algérie à la réussite du projet, n'aura pas de peine à obtenir des Délégations le sacrifice nécessaire.

Pendant ce temps, les Communes algériennes et les Départements seront appelés à fixer le montant de leur contribution financière. Le Département d'Alger a voté 160,000 francs ; la Ville d'Alger, 300,000 francs ; les autres collectivités auront à cœur de donner leur collaboration financière, la plus large possible, à une œuvre qui sera la plus belle glorification de la France africaine et qui aura les conséquences les plus heureuses pour toute notre chère Colonie.

Quand ces étapes seront franchies, le Gouvernement présentera au Parlement un projet de loi portant attribution d'une subvention assurément importante. La Métropole ne peut pas se désintéresser d'un événement appelé à donner un nouvel et puissant essor au développement économique de sa plus belle Colonie et à l'accroissement de ses échanges avec elle.

A partir du vote de la loi, le projet entrera dans la voie de la réalisation.

Le Commissaire Général sera désigné, des Commisions consultatives techniques seront recrutées parmi les éléments algériens pouvant fournir des avis compétents sur les questions d'organisation, finances, voirie, instruction, concessions, monopoles, fêtes, réceptions, Congrès, jurys, etc., etc. ; un Comité sera chargé du recrutement, de l'admission et de l'installation, des Exposants, conformément aux précédents établis par l'usage.

Vous le voyez, Messieurs et Chers Collègues, après la période forcément longue, allongée d'ailleurs par les inutiles polémiques, de l'évolution normale du projet, après bientôt deux ans d'efforts et de démarches, nous arrivons au moment où les idées forcément un peu vagues du début se précisent, où les concours s'affirment sur des données concrètes, où les échanges de vues aboutissent à un programme définitif.

Donc, l' « Exposition Universelle Franco-Africaine » se tiendra à Alger en 1913. L'Algérie la veut, la France la désire. Les Assemblées algériennes se montrent décidées à y collaborer ; le Comité Français et le Comité Colonial lui donnent leur appui et leur puissant concours ; les pouvoirs publics, dans la Colonie comme dans la Métropole, l'encouragent fortement ; rien ne peut plus s'opposer à l'exécution de ce projet passionnant.

Je me trompe, une seule chose pourrait l'empêcher ; ce serait ou l'indifférence ou la mauvaise volonté des Algériens, les premiers intéressés à son organisation et à son succès.

Mais ni cette indifférence ni cette mauvaise volonté si coupables l'une et l'autre ne se manifesteront. Au contraire, nous oublierons nos dissensions pour nous grouper autour de l'Exposition de 1913 et pour rendre cette manifestation digne de l'Algérie et de la France.

Et vous, Messieurs les Maires du Département d'Alger, vous donnerez l'exemple autour de vous. Vous nous apporterez le concours de vos Communes avides de contribuer à cette glorification de l'Algérie et à cette heureuse préparation de son avenir. Vous nous permettrez de compter aussi sur votre concours personnel, car il faut que l'Exposition soit aimée de tous les Algériens, comme on doit aimer de tout son cœur et de tout son patriotisme une œuvre faite uniquement pour aider au développement de la Colonie et pour en asseoir sur des bases plus larges encore la grandeur et la prospérité de notre chère Métropole.

Messieurs et Chers Collègues,

J'ai l'honneur de vous proposer le vœu suivant :

Le Congrès des Maires du Département d'Alger :

— Après avoir entendu le rapport de M. Savignon, Maire d'Alger, sur le projet de l'Exposition de 1913 ;

— Considérant que toutes les Communes algériennes ont le plus grand intérêt au succès de cette manifestation économique de la vitalité et de l'avenir de l'Algérie ;

— Considérant que la participation de la France et des Colonies françaises resserrera encore plus les liens nouveaux qui unissent l'Algérie à la France ;

Emet le vœu :

Que MM. les Maires des trois Départements proposent d'inscrire, dès cette année et les années suivantes, au budget de leur Commune, des crédits dont la totalisation contribuera à faciliter, sous forme de subvention, la réalisation du projet.

Et les invite à agir auprès des membres des

Conseils généraux et des Délégations Financières de leurs circonscriptions, pour que ces Assemblées prennent la plus large part possible à l'établissement du budget de cette Exposition.

Le Maire d'Alger,

Savignon.

www.ingramcontent.com/pod-product-compliance
Lightning Source LLC
LaVergne TN
LVHW010304230826
846091LV00007BB/2709
9782013651707